Cuentos de hadas clásicos con un giro

Caperucita Roja

Escrito por Shannon Anderson

Ilustrado por Gal Weizman

Traducción de Pablo de la Vega

Un Libro de la Sirena

SEAHORSE PUBLISHING

Había una vez una niña pequeña a la que le gustaba llevar comida a casa de su abuelita. Su abuelita tenía un caballo, y a la niña le encantaba comer bocadillos con ella y luego dar un paseo cabalgando.

Cada que Caperucita iba, usaba una sudadera de distinto color. Adoraba todos los colores del arcoíris, por lo que organizaba su armario como si fuera uno.

Los domingos usaba una sudadera roja.

Los lunes usaba una naranja.

Los martes usaba una amarilla.

Los miércoles usaba una verde.

Los jueves usaba una azul.

Los viernes usaba una morada.

Los sábados usaba una rosa.

A la abuela la hacía feliz recibir a Caperucita todos los días. Adoraba sus bocadillos y su compañía.

En el verano, Caperucita llegaba todos los días por la mañana a la misma hora.

Los domingos, Caperucita llevaba manzanas para compartir.

Los lunes, Caperucita daba naranjas a su abuelita antes de irse a cabalgar.

Los martes,
Caperucita le llevaba
bananas.

Los miércoles, Caperucita le llevaba una sandía.

Los jueves, Caperucita le llevaba arándanos azules.

Los viernes, Caperucita le llevaba uvas moradas.

Los sábados, Caperucita le llevaba bocadillos dulces: galletas con glaseado rosa. ¡Ñam!

Todos los días eran especiales. Antes de irse, la abuela le decía a Caperucita que tuviera cuidado con el lobo malo. Había muchos rumores acerca de cómo robaba dulces a los niños pequeños.

– manzanas
– naranjas
– plátanos
– sandía
– arándanos
– uvas morad
– galletas

Era cierto que un lobo, grande y malo, vivía en el bosque entre la casa de Caperucita y la de su abuelita. Notó que Caperucita pasaba por el camino a la misma hora cada mañana. También notó los colores que usaba. Y puso atención especial a los bocadillos que llevaba.

Un sábado, mientras Caperucita cabalgaba en el caballo de su abuelita, pasó sobre lodo. La sudadera rosa quedó manchada. Se la quitó y caminó a casa usando sólo su camiseta.

Cuando salió de casa de su abuelita, olvidó llevarse la sudadera consigo.

El domingo visitó a su abuelita y juntas disfrutaron de las manzanas. Luego, Caperucita fue a cabalgar y regresó a pie a casa. Volvió a olvidar su sudadera rosa.

Cada día de esa semana, el lobo contó los que faltaban para que fuera sábado, cuando Caperucita vestía de rosa y podría robarle las galletas rosas y comérselas todas.

Cada día de esa semana, Caperucita fue a visitar a su abuela y olvidó recoger su sudadera rosa.

Cuando llegó el sábado, Caperucita colocó unas galletas con glaseado rosa en la canasta para llevárselas a su abuelita. Luego se dio cuenta de que su sudadera rosa no estaba en casa.

—Caray, supongo que tendré que usar la sudadera roja —dijo.

Luego, salió veloz con su canasta por la puerta y se fue silbando todo el camino.

Cuando el lobo escuchó que Caperucita se acercaba, se entusiasmó. Entonces se dio cuenta: ¡CAPERUCITA NO ESTABA USANDO SU SUDADERA ROSA! Usaba la ROJA.

—¿Roja? ¡Guácala! No quiero manzanas. No es justo. ¡Esperé TODA la semana para comerme las galletas! Basta, ya no esperaré. Mejor horneo unas yo mismo. De seguro no son tan difíciles de hacer.

Cuando Caperucita llegó a casa de su abuelita, se comieron felices las galletas. Su abuelita había lavado la sudadera rosa y se aseguró de que esta vez Caperucita se la llevara consigo.

Mientras tanto, el lobo aprendió a hornear y nunca volvió a robar comida a los niños.

Todos vivieron felices para siempre.

Escrito por Shannon Anderson
Traducción de Pablo de la Vega
Ilustrado por Gal Weizman
Diseño de Under the Oaks Media
Desarrollo de la serie de James Earley
Editora Erica Ellis
Coordinador de producción:
Candice Campbell

Library of Congress PCN Data
Caperucita Roja / Shannon Anderson
Cuentos de hadas clásicos con un giro
ISBN 979-8-8904-2571-3 (hard cover)
ISBN 979-8-8904-2845-5 (paperback)
ISBN 979-8-8904-2869-1 (EPUB)
ISBN 979-8-8904-2857-8 (eBook)
Library of Congress Control Number: 2024932653

Impreso en los Estados Unidos/CP112025

Seahorse Publishing Company
www.seahorsepub.com

Published in the United States
Seahorse Publishing
PO Box 771325
Coral Springs, FL 33077

SEAHORSE PUBLISHING